LECTURES CLE EN FRANÇAIS FACILE

Contes et nouvelles

GUY DE MAUPASSANT

Adapté en français facile
par Brigitte Faucard-Martinez

Crédits photographiques :
Couverture : (c) myskiv / Adobestock
Page 3 :   © BIS / Ph. Coll. Archives Nathan
Page 49 : © Ryba Sisters / Adobestock
Page 60 : © Graphithèque / Adobestock
Page 61 : © Florence Piot / Adobestock
Page 62 : © Bettman / Getty ; © Charles Ciccione / Getty

Direction éditoriale : Béatrice Rego
Marketing : Thierry Lucas
Édition : Marie-Charlotte Serio
Couverture : Fernando San Martin
Mise en pages : Isabelle Vacher
Illustrations : Conrado Giusti
Enregistrement : Vincent Bund

© CLE International, 2021
ISBN : 978-209-031151-8

Guy de Maupassant naît en 1850, à Tourville-sur-Arques, en Normandie. Élevé avec son jeune frère par sa mère, une femme très cultivée amie de Flaubert, il s'intéresse très tôt à la littérature.
Il obtient son Baccalauréat en 1869, à Rouen, puis fait des études de droit à Paris.
Il trouve ensuite un emploi au ministère de la Marine où il s'ennuie terriblement.
Gustave Flaubert lui donne alors des conseils qui lui permettent de devenir écrivain.
À partir de 1880, grâce au succès de sa nouvelle *Boule de Suif*, il peut se consacrer entièrement à l'écriture.
Il publie alors un grand nombre de contes et nouvelles et également des romans comme *Une vie* (1883), *Bel-Ami* (1885), *Pierre et Jean* (1888).
Mais l'auteur a une santé fragile. Victime d'hallucinations, il tente de se suicider en 1892 et est interné dans la maison de santé du Docteur Blanche. C'est là qu'il meurt en juillet 1893.

Maupassant, auteur de contes, de nouvelles et de romans, est un écrivain infatigable. Il publie environ trois cents contes et nouvelles qui se regroupent dans différents recueils[1] comme les *Contes de la bécasse* (1881) ou les *Contes du jour et de la nuit* (1885), par exemple.
Inspiré de Gustave Flaubert, écrivain qui, au XIXe siècle, est un représentant du réalisme, avec Honoré de Balzac entre autres, ses contes et nouvelles vont naturellement suivre ce courant littéraire.
Dans ses nouvelles, l'auteur décrit les différents milieux de son époque : paysans, employés de bureau, bourgeois avec leurs vices et leurs défauts.
Il a une vision très pessimiste du monde et nous présente des personnages souvent cruels, petits, égoïstes, cupides mais, grâce à son ton satirique, le lecteur parvient à sourire tant ces personnages semblent ridicules et grotesques.
Maupassant est l'un des écrivains français les plus adaptés dans le monde aussi bien au cinéma qu'à la télévision. On compte plus de 130 adaptations de ses œuvres.
En 2007, une série de huit téléfilms intitulée *Chez Maupassant* et diffusée sur France 2 a d'ailleurs remporté un grand succès.

---

1. Recueil : livre qui réunit un ensemble de textes.

Les mots ou expressions suivis d'un astérisque* dans le texte sont expliqués dans le Vocabulaire, page 45.

SOMMAIRE

- Nouvelle 1, Le vieux .... p. 6
- Nouvelle 2, Un million .... p. 16
- Nouvelle 3, Toine .... p. 23
- Nouvelle 4, Les bijoux .... p. 35
- Vocabulaire .... p. 45
- Activités .... p. 47
- Pour en savoir plus .... p. 60

NOUVELLE 1

Le vieux

*U*N SOLEIL D'AUTOMNE tombe dans la cour de ferme. Les pommiers, chargés de pommes, sèment leurs fruits vert pâle dans le vert foncé de l'herbe.

Quatre vaches paissent[2] tranquillement dans le pré et meuglent par moments vers la maison ; les poules font un mouvement coloré devant l'étable : elles grattent, remuent et caquettent, pendant que les deux coqs chantent sans cesse et cherchent des vers pour leurs poules.

La barrière de bois s'ouvre ; un homme entre ; il a sans doute quarante ans mais semble plus vieux. Il marche à grands pas lents. Ses bras trop longs pendent des deux côtés du corps. Quand il approche de la ferme, un petit chien jaune, attaché au pied d'un énorme poirier, remue la queue, puis se met à japper en signe de joie. L'homme crie :

– Suffit, Finot !

Le chien se tait.

Une paysanne* sort de la maison. Elle porte un chemisier en laine, une jupe grise, trop courte, des bas bleus et des sabots[3]. Un bonnet blanc, devenu jaune, couvre ses cheveux. Son maigre visage est plutôt laid.

L'homme demande :

– Comment il va ?

La femme répond :

---

2. Paître : arracher l'herbe et la manger.
3. Sabot : chaussure paysanne faite avec du bois.

— Monsieur le curé dit que c'est la fin, qu'il ne va pas passer la nuit[4].

Ils entrent tous les deux dans la maison.

Ils traversent la cuisine puis ils pénètrent dans la chambre, basse, noire, à peine éclairée par une petite fenêtre.

Dans le fond de la pièce, le lit fait une légère tache blanche. On entend un bruit régulier : une respiration dure, sifflante, avec un gargouillement d'eau[5]. C'est un vieil homme, le père de la paysanne, qui agonise.

L'homme et la femme s'approchent et regardent le moribond, d'un œil tranquille et résigné.

Le gendre dit :

— Cette fois, c'est fini ; il va mourir, sûr !

La fermière* ajoute :

— Il fait ce bruit depuis midi...

Puis ils se taisent. Le père a les yeux fermés, le visage couleur de terre. Sa bouche entrouverte laisse passer son souffle dur ; le drap gris se soulève sur sa poitrine à chaque aspiration.

Le gendre, après un long silence, prononce :

— Il vaut mieux le laisser mourir. On n'y peut rien. Mais c'est embêtant[6] ; il fait beau et c'est la bonne époque pour planter les colzas.

Sa femme semble tout à coup inquiète. Elle réfléchit quelques instants puis déclare :

— Il va mourir ; on va sûrement pas l'enterrer avant samedi ; tu as la journée de demain pour les colzas.

Le paysan réfléchit à son tour et dit :

---

4. Ne pas passer la nuit : ici, mourir.
5. Gargouillement d'eau : bruit d'eau qui coule.
6. Embêtant : qui contrarie.

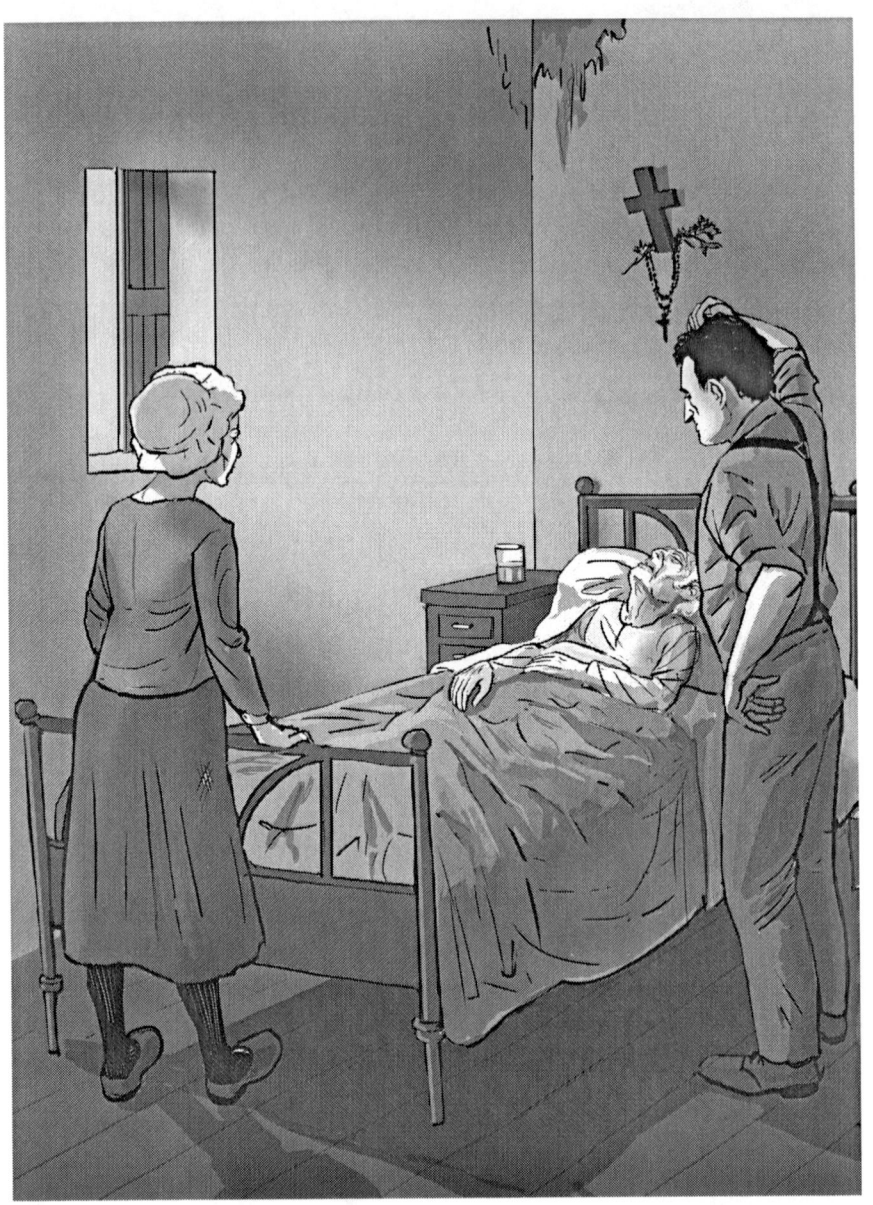

– Oui, mais demain, il faut faire les invitations pour l'enterrement ; je vais perdre cinq à six heures à aller de Tourville à Manetot chez tout le monde.

La femme médite encore deux ou trois minutes puis dit :
– Écoute ! Il est à peine trois heures, commence tes visites, fais toute la partie de Tourville. Tu peux dire qu'il est mort crois-moi, il ne va pas finir la journée.

L'homme reste quelques instants perplexe ; il pèse les conséquences et les avantages de l'idée. Enfin il déclare :
– Bon, j'y vais.

Il se dirige vers la porte puis se retourne et dit :
– Va ramasser des pommes à cuire et fais quatre douzaines de douillons[7] pour les invités à l'enterrement dans ces situations, il faut se réconforter.

Et il sort de la chambre, entre dans la cuisine, ouvre le buffet, prend un pain et en coupe une tranche. Ensuite, il prend un peu de beurre salé et l'étend sur sa tartine. Il mange lentement, retraverse la cour, calme le chien, qui se met de nouveau à japper, sort sur le chemin et s'éloigne dans la direction de Tourville.

* * *

Une fois seule, la femme se met au travail. Avec de la farine, elle prépare la pâte aux douillons puis elle va chercher des pommes dans le jardin.

Une voix l'appelle du chemin :
– Ohé, madame Chicot !

Elle se retourne. C'est un voisin, maître Osime Favet, le maire, qui va travailler dans ses terres. Elle lui demande :

---

7. Douillon : pomme (ou poire) entourée de pâte et cuite au four ; spécialité normande.

– Qu'est-ce qu'il y a pour votre service, maître Osime ?
– Et le père, comment il va ?
Elle crie :
– C'est presque la fin. Samedi, c'est l'enterrement, à sept heures, vu que les colzas, ça n'attend pas.
Le voisin réplique :
– Entendu. Bonne chance ! Portez-vous bien.
– Merci, vous de même, répond la femme.
Puis elle se remet à cueillir ses pommes.
Une fois rentrée, elle va voir son père ; elle pense le trouver mort. Mais dès la porte, elle entend son râle[8] bruyant et monotone : inutile d'approcher du lit. Pour ne pas perdre de temps, elle commence à préparer les douillons.
Elle enveloppe les fruits, un à un, dans une fine feuille de pâte, puis les place au bord de la table.
Elle a déjà fait quarante-huit boules. Il est l'heure de penser au dîner. Elle fait donc cuire des pommes de terre.
Son homme rentre vers cinq heures.
– C'est fini ? demande-t-il aussitôt à sa femme.
– Non, ça gargouille toujours.
Ils vont voir le vieux et le trouvent dans le même état. Son gendre le regarde, puis il dit :
– Il va s'éteindre d'un coup, comme une bougie.
Ils rentrent dans la cuisine et, sans parler, se mettent à dîner. Après la soupe, ils mangent une tartine de beurre, puis ils lavent les assiettes et retournent dans la chambre de l'agonisant.
La femme promène une petite lampe sur le visage de son père. Il respire, donc il n'est pas mort mais il a vraiment mauvais aspect.

---

8. Râle : bruit émis par le mourant.

Le lit des deux paysans se trouve à l'autre bout de la chambre. L'homme et la femme se couchent sans dire un mot, éteignent la lumière, ferment les yeux ; bientôt leurs ronflements accompagnent le râle ininterrompu du mourant.

* * *

Le mari se réveille dès le lever du jour. Son beau-père vit encore. Il secoue sa femme, inquiet de la résistance du vieux.

– Dis donc, Phémie, il ne veut pas mourir, qu'est-ce qu'on fait ?

– Il ne va pas passer la journée, j'en suis sûre. Demain, on va l'enterrer, crois-moi.

Rassuré par les paroles de sa femme, l'homme part aux champs.

La femme fait cuire les douillons, puis fait les travaux de la ferme.

À midi, le vieux n'est toujours pas mort. Les travailleurs, employés à la journée pour planter le colza, viennent en groupe voir le vieil homme qui met longtemps à partir. Chacun dit son mot, puis ils repartent dans les terres.

À six heures, au retour des champs, le père respire encore. Son gendre, à la fin, a un peu peur.

– Qu'est-ce qu'on peut faire, Phémie ? demande-t-il à sa femme.

Elle ne sait pas quoi répondre. Ils vont voir le maire. Celui-ci les rassure et leur dit qu'il va autoriser l'enterrement. L'homme et la femme rentrent tranquilles.

Ils se couchent et s'endorment aussitôt.

Quand ils se réveillent, le vieux n'est pas mort.

* * *

Alors ils sont consternés. Ils restent debout, près du lit du père, et le regardent avec méfiance : il veut leur jouer un mauvais tour ? les contrarier par plaisir ?

Ils sont en colère car il leur fait perdre du temps. Chicot demande à sa femme :

— Qu'est-ce qu'on va faire ?

Elle ne sait pas ; elle répond :

— C'est irritant, cette histoire !

On ne peut plus prévenir tous les invités qui vont bientôt arriver. L'homme et la femme décident de les attendre et de leur expliquer ce qui se passe.

Vers sept heures moins dix, les premiers apparaissent. Les femmes, vêtues de noir, ont un air triste. Les hommes avancent deux par deux et parlent affaires.

Les Chicot les reçoivent d'un air désolé. Ils se mettent à pleurer. Ils expliquent la situation, offrent des chaises, se remuent, s'excusent, veulent montrer que tout cela n'est pas de leur faute. Ils parlent sans fin et ne laissent personne intervenir.

Ils vont de l'un à l'autre :

— C'est incroyable ce qui nous arrive !

Les invités stupéfaits, un peu déçus car la cérémonie attendue n'a pas lieu, ne savent que faire, restent assis ou debout.

Certains veulent partir. Mais Chicot les retient :

— On va manger un morceau[9]. On a fait des douillons, il faut en profiter.

À ces mots, les visages changent. On se met à parler à voix basse. La cour se remplit ; les premiers venus disent la nouvelle aux nouveaux arrivants. On parle un peu plus fort, l'idée des douillons rend tout le monde plus gai.

---

9. Manger un morceau : faire un petit repas.

Les femmes entrent voir le mourant. Elles font une prière et ressortent. Les hommes, préfèrent jeter un seul coup d'œil par la fenêtre qu'on a ouverte.
Mme Chicot explique l'agonie :
— Voilà deux jours qu'il est comme ça.

* * *

Après la visite au vieil homme, on pense à la collation[10]. Comme il y a beaucoup de monde, on décide de sortir la table de la cuisine devant la porte. Les quatre douzaines de douillons, dorés, appétissants apparaissent, disposés dans deux grands plats. Chacun avance le bras pour prendre le sien, pensant sans doute qu'il ne va pas y en avoir assez. Mais il en reste quatre.
Chicot, la bouche pleine, dit :
— Il adorait ça le père.
Un gros paysan déclare d'un ton joyeux :
— Fini, maintenant, il ne va plus en manger. Chacun son tour.
Cette réflexion, loin d'attrister les invités, semble les amuser.
Mme Chicot, un peu contrariée par ces dépenses inutiles, va sans cesse à la cave chercher du cidre.
On rit maintenant, on parle fort, on commence à crier comme on crie dans les repas.

Tout à coup, une vieille paysanne qui est restée près du moribond, apparaît à la fenêtre et crie d'une voix aiguë :
— Il est mort ! Il est mort !

---

10. Collation : petit repas léger.

Tout le monde se tait. Les femmes se lèvent rapidement pour aller voir. Il est mort, en effet. Les hommes se regardent, baissent les yeux, mal à l'aise. On n'a pas fini de manger les douillons. Il choisit bien mal son moment, le vieux gredin[11].

Les Chicot, maintenant, ne pleurent plus. C'est fini, ils sont tranquilles. Ils répètent :

– Ça ne pouvait pas durer. Pourquoi il ne s'est pas décidé cette nuit, tout ça nous a bien perturbés.

Peu importe, c'est fini. On va l'enterrer lundi et remanger des douillons pour l'occasion.

Les invités s'en vont et parlent de ce qui vient de se passer. Ils sont contents d'avoir vu cela et aussi d'avoir mangé et bien bu.

Quand l'homme et la femme se retrouvent tout seuls, face à face, elle dit, le visage contracté par l'angoisse :

– Je vais devoir refaire quatre douzaines de douillons ! Pourquoi il ne s'est pas décidé cette nuit ?

Et le mari, plus résigné, répond :

– Heureusement que ce n'est pas tous les jours comme ça !

---

11. Gredin : on emploie ce mot pour parler d'une personne sans morale (voyou, vaurien).

NOUVELLE 2

Un million

C'EST UN MODESTE COUPLE D'EMPLOYÉS*. Le mari, commis* de ministère, correct et méticuleux, fait strictement son devoir. Il s'appelle Léopold Bonnin. C'est un petit jeune homme qui pense à tout ce qu'on doit penser. C'est un honnête homme dans le sens le plus terre à terre du mot. Il vient à l'heure, part à l'heure, ne perd pas son temps et se montre toujours droit en ce qui concerne l'argent. Il a épousé la fille d'un collègue pauvre. Ce dernier a une sœur qui a hérité d'un million à la mort de son mari. Malheureusement, elle n'a pas d'enfant et va donc laisser son bien à sa nièce.

Cet héritage est la pensée de la famille. Il plane sur la maison, plane sur le ministère tout entier ; on sait que « les Bonnin vont avoir un million ».

Les jeunes gens, non plus, n'ont pas d'enfants mais ils n'en souffrent pas. Ils ont une petite vie tranquille qui leur convient. Leur appartement est propre, bien rangé. Ils ont une vie paisible[12] car ils sont calmes et modérés en tout, et ils pensent qu'un enfant, ce n'est pas une si bonne chose : il peut troubler leur vie, leur intérieur, leur repos. Ils n'ont rien fait pour rester sans enfant mais c'est ainsi, alors tant mieux ! La tante au million est contrariée par leur stérilité[13] et leur donne des conseils pour la faire cesser. Elle demande souvent à ses neveux :

– Alors, vous avez suivi les conseils que je vous ai donnés l'autre jour ?

---

12. Paisible : tranquille.
13. Stérilité : impossibilité d'avoir un enfant.

Un beau matin, on apprend sa mort.

Les deux jeunes gens ont l'air très tristes en public mais, au fond d'eux-mêmes, ils sont contents de l'événement.

Bientôt, on les informe qu'un testament se trouve chez un notaire*. Ils y vont après l'enterrement.

La tante laisse son million à leur premier enfant et donnent aux parents le droit de disposer du bien jusqu'à leur mort. Si le jeune couple n'a pas d'héritier avant trois ans, cette fortune va aller aux pauvres.

Ils sont stupéfaits, consternés. Le mari tombe malade et reste huit jours sans retourner au bureau. Une fois guéri, il se promet avec énergie d'être père.

* * *

Pendant six mois, il s'y consacre jusqu'à devenir l'ombre de lui-même[14]. Il se rappelle maintenant tous les conseils de la tante et les suit consciencieusement, mais en vain.

Il est très fatigué. L'anémie le détruit. Son médecin* lui ordonne de s'occuper de lui et il revient à sa vie paisible.

Des bruits courent au ministère ; on sait tout sur le testament et on plaisante joyeusement sur ce fameux « coup du million ». Les uns donnent à Bonnin des conseils amusants ; d'autres s'offrent pour l'aider à remplir sa « mission ». Un grand garçon surtout, connu pour sa vie agitée, le harcèle d'allusions, de mots douteux et déclare un jour être disposé à le faire hériter en vingt minutes. Cette fois, Léopold Bonnin se fâche. Il se lève brusquement et crie :

– Monsieur, vous êtes répugnant ; vous méritez que je vous crache au visage.

---

14. Devenir l'ombre de soi-même : être très faible.

Cette affaire fait un tel scandale que le chef* de bureau doit intervenir. Il convoque les deux hommes et, après une longue discussion, il atteint son but : les deux employés échangent un salut, se serrent la main et présentent leurs excuses.

Pendant tout le mois, ils se saluent poliment mais sans se parler.

Un jour, M. Bonnin heurte[15], sans le vouloir, son ancien adversaire. Il lui demande aussitôt avec une certaine amabilité :

— Je vous ai fait mal, monsieur ?

L'autre répond :

— Absolument pas, monsieur.

Le jour suivant, ils décident d'échanger quelques mots quand ils se rencontrent et cela dure un certain temps. Ils commencent à s'estimer et finissent par devenir inséparables.

* * *

Mais Léopold est malheureux chez lui. Sa femme le harcèle de réflexions désagréables, le martyrise de sous-entendus[16]. Et le temps passe : un an déjà depuis la mort de la tante. L'héritage semble perdu.

Quand Léopold part au bureau, Mme Bonnin lui dit régulièrement :

— Avec un million, monsieur le gratte-papier*, on n'a pas besoin d'aller travailler.

Quand Mme Bonnin sort, les jours de pluie, elle murmure :

— Avec une voiture, on ne se salit pas quand il fait mauvais.

---

15. Heurter : toucher brutalement.
16. Sous-entendu : insinuation.

Bref, à tout moment, en toute occasion, elle semble reprocher à son mari quelque chose de terrible et le rend seul coupable, responsable de la perte de cette fortune.

Exaspéré, il finit par l'emmener chez un grand médecin qui, après une longue consultation, déclare qu'il ne voit rien d'étrange, que cela arrive souvent, qu'il pense que cela peut s'arranger. La visite coûte quarante francs.

* * *

Une autre année passe. La guerre est déclarée, une guerre incessante, entre le mari et la femme, une sorte de haine épouvantable[17]. Et Mme Bonnin ne cesse de répéter :

« C'est vraiment malheureux de perdre une fortune parce qu'on a épousé un imbécile ! » ou bien :

« Avec un autre homme, tout serait différent ! »

ou bien :

« Il y a des gens qui gâchent[18] tout dans la vie. »

Les dîners, les soirées surtout deviennent insupportables.

Un soir, Léopold, qui veut éviter une autre terrible scène à la maison, amène Frédéric Morel, son ancien ennemi.

Ce dernier devient bientôt l'ami, le conseiller du couple.

Il ne reste que six mois avant l'expiration du dernier délai[19] qui va donner le million aux pauvres.

Peu à peu, Léopold change d'attitude ; il devient agressif avec sa femme, fait souvent des insinuations obscures, parle – d'une façon mystérieuse – de femmes d'employés qui ont su faire la situation de leur mari.

De temps en temps, il raconte l'histoire d'une promotion surprenante :

---

17. Épouvantable : horrible.
18. Gâcher : détériorer.
19. Delai : temps qu'on a pour faire quelque chose.

– Le petit Ravinot, un commis sans ambition, vient d'être nommé sous-chef.
Mme Bonnin dit :
– Et pour toi, il ne se passe jamais rien !
Léopold hausse alors les épaules et dit :
– Il a une femme intelligente, c'est tout. Elle a plu au chef et elle obtient tout ce qu'elle veut. Dans la vie, il faut être malin pour faire bouger les choses.
Que veut-il dire au juste ? Que comprend-elle ? Que se passe-t-il ?
Ils ont tous les deux un calendrier et marquent les jours qui les séparent du terme[20] fatal ; et chaque semaine ils sont comme fous, désespérés presque capables de commettre un crime.
Mais un matin, Mme Bonnin, les yeux brillants et le visage heureux, pose ses deux mains sur les épaules de son mari, le regarde intensément et dit tout bas :
– Je crois que je suis enceinte.
C'est un tel choc que Bonnin pense qu'il va s'évanouir. Brusquement, il prend sa femme dans ses bras, l'embrasse avec passion, l'assied sur ses genoux, la serre contre lui, puis se met à pleurer de joie.
Deux mois après, il n'a plus de doutes. Il la conduit alors chez un médecin pour faire constater son état et porte le certificat obtenu chez le notaire chargé du testament.
L'homme de loi* déclare que, comme l'enfant existe, né ou à naître, il n'y a pas de problème : l'héritage est à eux.
Un garçon naît. Ils l'appellent Dieudonné.

* * *

---

20. Terme : limite de temps.

Ils sont enfin riches !

Un soir, alors que M. Bonnin rentre chez lui où doit dîner son ami Frédéric Morel, sa femme lui dit d'un ton simple :

— Je viens de dire à notre ami Frédéric de ne plus revenir ici, il a été inconvenant[21] avec moi.

Il la regarde une seconde avec un grand sourire puis il la prend dans ses bras et ils s'embrassent longtemps, longtemps comme deux bons petits époux, tendres, unis, honnêtes.

Et il faut entendre Mme Bonnin parler des femmes infidèles.

---

21. Inconvenant : incorrect, déplacé.

NOUVELLE 3

Toine

On le connaît dans toute la région le père Toine, le gros Toine, Antoine Mâcheblé, le cabaretier* de Tournevent.

Il a rendu célèbre le hameau[22] perdu dans la petite vallée qui descend vers la mer, pauvre hameau paysan composé de dix maisons normandes entourées d'arbres, construites là sans doute pour se protéger du grand vent de mer, du vent dur et salé.

Le hameau tout entier semble être la propriété d'Antoine Mâcheblé, qu'on appelle aussi souvent Toine-ma-Fine car il dit sans cesse :

– Ma Fine est la première de France.

Sa Fine, c'est son cognac, naturellement.

Depuis vingt ans, il sert sa Fine et ses Brûlots[23] à tous ceux qui viennent dans son café et chaque fois qu'on lui demande :

– Qu'est-ce qu'on peut boire, père Toine ?

Il répond invariablement :

– Un brûlot, mon gendre, ça chauffe le ventre et ça nettoie la tête ; il n'y a rien de meilleur pour le corps.

Il a aussi cette habitude d'appeler tout le monde « mon gendre », même s'il n'a jamais eu de fille mariée ou à marier.

Ah ! oui, on le connaît bien Toine-ma-Fine, le plus gros homme de la région. Sa petite maison semble vraiment

---

22. Hameau : petit groupe de maisons situé en dehors d'un village.
23. Brûlot : eau-de-vie (alcool) brûlée avec du sucre.

trop étroite et trop basse pour le contenir ; quand on le voit debout devant sa porte où il passe des journées entières, on se demande comment il peut entrer chez lui. Eh bien, curieusement, il y entre chaque fois qu'un consommateur se présente pour prendre un verre.

Son café s'appelle « Au Rendez-vous des Amis » et il porte bien son nom. En effet, le père Toine est bien l'ami de tous. On vient de Fécamp et de Montivilliers pour le voir et pour rigoler[24] en l'écoutant, car il est vraiment amusant, ce gros homme. Il a une manière de se moquer des gens sans les fâcher, de se taper sur la cuisse quand il fait une plaisanterie qui vous fait rire à tous les coups. Et puis, le voir boire est un vrai spectacle ! Il boit tout ce qu'on lui offre avec une joie qui se lit sur son visage et cette joie vient de son double plaisir : plaisir de boire d'abord et plaisir de gagner de l'argent ensuite.

Certains lui demandent parfois pour rire :
— Pourquoi que tu ne bois pas la mer, père Toine ?
Il répond :
— Ben parce qu'elle est salée.

Et puis il faut l'entendre se disputer avec sa femme ! Quelle comédie ! Mariés depuis trente ans, ils se chamaillent[25] tous les jours. Toine rigole mais sa femme se fâche tout le temps. C'est une grande paysanne, maigre, avec un air revêche[26]. Elle semble toujours en colère. Elle passe son temps à élever des poules dans une petite cour, derrière le café, et elle est réputée pour ses excellentes volailles[27].

---

24. Rigoler (fam.) : rire.
25. Se chamailler : se disputer.
26. Revêche : qui est désagréable, qui montre son mauvais caractère.
27. Volaille : ensemble des oiseaux qu'on élève pour leurs œufs et leur chair.

Quand les gens riches de Fécamp invitent leurs amis à dîner, s'ils veulent avoir du succès, ils préparent une volaille de la mère Toine.

Mais elle est née de mauvaise humeur et elle a continué à être mécontente de tout. Fâchée contre le monde entier, elle en veut principalement à son mari[28]. Elle lui en veut de sa gaieté, de sa popularité, de sa santé et de son embonpoint[29]. Elle le traite de bon à rien, parce qu'il gagne de l'argent sans rien faire, de gourmand, parce qu'il mange et boit comme dix hommes, et tous les jours, elle déclare d'un air exaspéré :

— Ta place, c'est dans l'étable à cochons, regardez-moi cette graisse, c'est dégoûtant. Attends, attends un peu, on va voir ce qui va se passer. Il va crever[30] comme un sac à grain, ce gros porc !

Toine se met alors à rire et répond en se tapant le ventre :

— Eh ! la mère Poule, occupe-toi de tes volailles. Essaie de les faire aussi grasses que moi, essaie pour voir.

Et il relève sa manche sur son bras énorme et ajoute :

— Ça, c'est un aileron[31], la mère, un vrai.

Et les consommateurs tapent avec leurs mains sur les tables, tapent du pied sur le sol et éclatent de rire.

La vieille, furieuse, redit :

— Attends, attends un peu, on va voir ce qui va se passer. Il va crever comme un sac à grain.

Et elle part en colère.

---

28. En vouloir à quelqu'un : garder de la rancune, de la colère contre quelqu'un.
29. Embonpoint : état d'un corps gros.
30. Crever : éclater ; (fam.) mourir.
31. Aileron : extrémité de l'aile d'un oiseau.

Il faut dire que la vieille a un peu raison. Dernièrement, Toine est devenu plus gros, rouge et a du mal à respirer.

* * *

Un jour, Toine a une attaque et tombe paralysé. On le couche dans la petite chambre qui se trouve derrière le mur du café. Il peut ainsi entendre ce qu'on dit à côté et parler avec les amis car sa tête va bien ; c'est son corps, son corps énorme, qui est maintenant complètement immobile. On espère que ses grosses jambes vont de nouveau bouger mais en vain. Toine-ma-Fine passe ses jours et ses nuits dans son lit qu'on change une fois par semaine avec l'aide de quatre voisins qui soulèvent leur ami comme ils peuvent.

Toine continue à être gai mais sa gaieté est différente, plus timide et il semble avoir un peu peur de sa femme qui crie toute la journée :

— Et voilà ce gros gourmand, ce paresseux qui est là, à ne rien faire, pendant que moi, je me tue au travail !

Il ne répond plus. Il se retourne sur son lit, seul mouvement qu'il est maintenant capable de faire. Il appelle cet exercice faire un « va-t-au nord » ou un « va-t-au sud ».

Sa grande distraction, c'est d'écouter les conversations du café et de parler à travers le mur quand il reconnaît les voix des amis ; il crie :

— Hé, mon gendre, c'est toi Célestin ?

Et Célestin Maloisel répond :

— C'est moi, père Toine. Alors, tu cours à nouveau comme un lapin ?

Toine-ma-Fine répond :

— Pas encore. Mais je n'ai pas maigri, mon gros ventre est toujours là.

Bientôt, il permet à ses amis de venir dans sa chambre pour lui tenir compagnie. Le plus dur pour lui, c'est de les voir boire ; lui, ne peut plus le faire.

Il répète :

— C'est ça qui me fait de la peine, mon gendre, de ne plus pouvoir goûter ma Fine.

La tête de la mère Toine apparaît alors à la fenêtre. Elle crie :

— Regardez-moi ce gros paresseux qu'il faut nourrir, laver et nettoyer comme un porc.

Quand la vieille disparaît, un coq aux plumes rouges saute parfois sur la fenêtre, regarde d'un œil rond et curieux dans la chambre, puis pousse son cri sonore. Et parfois aussi, une ou deux poules volent jusqu'au pied du lit et cherchent des miettes de pain sur le sol.

Les amis de Toine-ma-Fine finissent par abandonner la salle du café pour venir, chaque après-midi, bavarder près du lit du gros homme.

Même couché, ce farceur[32] de Toine les amuse encore.

Aujourd'hui, ils sont trois ; en fait, ce sont les mêmes qui viennent tous les jours : Célestin Maloisel, un grand maigre, Prosper Horslaville, un petit homme sec, rusé comme un renard et Césaire Paumelle, qui ne parle jamais mais s'amuse beaucoup.

Comme d'habitude, ils apportent une planche de la cour, la posent au bord du lit et se mettent à jouer aux dominos.

La mère Toine devient de plus en plus insupportable. Voir Toine, ce gros fainéant, continuer à se distraire et jouer aux dominos est pour elle intolérable. Cet après-midi-là, très en colère, elle fait tomber la planche, prend

---

32. Farceur : personne qui aime plaisanter.

les dominos, les remet dans le café et déclare que ça suffit, qu'elle en a assez de voir ce gros plein de graisse se divertir alors qu'elle travaille dur du matin au soir.

Célestin Maloisel et Césaire Paumelle baissent la tête, mais Prosper Horslaville excite la vieille, s'amuse de ses colères.

Il lui dit :
— Hé ! la mère, il y a une solution.
— Ah oui ? Laquelle ? J'écoute, répond-elle d'un ton sec.
— Il est chaud comme un four votre homme, qui ne sort pas de son lit. Eh bien, faites-lui couver des œufs.

Elle est stupéfaite et le regarde d'un air mauvais car elle pense qu'il se moque d'elle.

Mais Prosper continue :
— Mettez-lui cinq œufs sous un bras, cinq autres sous l'autre. Ça peut marcher comme avec une poule. Une fois que les poussins sont nés, il suffit de les apporter à la poule. Une bonne façon d'avoir plus de volailles !

La vieille, étonnée, demande :
— C'est possible, ça ?
L'homme reprend :
— Pourquoi pas ? On fait couver des œufs dans une boîte chaude, pourquoi ne pas en mettre à couver dans un lit ?

Elle réfléchit un instant puis part sans dire un mot.

Huit jours après, elle entre dans la chambre de Toine avec son tablier plein d'œufs. Et elle dit :
— Je viens de mettre la poule jaune au nid avec dix œufs. En voilà dix pour toi. Ne les casse pas !

Toine, troublé, demande :
— Qu'est-ce que tu veux ?
Elle répond :
— Que tu couves ces œufs, bon à rien !

Il rit d'abord ; puis, comme elle insiste, il se fâche, il résiste, il refuse absolument de la laisser mettre ces œufs sous ses gros bras.

Mais la vieille, furieuse, déclare :
– Tu ne veux pas les couver ? Parfait ! Alors, pas de déjeuner !

Toine, inquiet, ne répond rien.

Midi sonne. Il appelle :
– Hé ! la mère, la soupe est cuite ?

La vieille crie de sa cuisine :
– Il n'y a pas de soupe pour toi, gros fainéant.

Il croit qu'elle plaisante et attend. Puis il supplie, jure, fait des « va-t-au nord » et des « va-t-au sud » désespérés, frappe le mur à coups de poing, mais il doit se résigner et laisse la vieille mettre cinq œufs sous son bras gauche et cinq autres sous son bras droit. Il peut alors manger sa soupe.

Ses amis arrivent. Ils le trouvent un peu bizarre et pensent qu'il ne va pas très bien. Ils décident de faire la partie de dominos de tous les jours. Mais Toine ne semble pas apprécier et avance la main avec lenteur et précaution.
– Tu as mal au bras ? demande Horslaville.

Toine répond :
– Non, à l'épaule.

Soudain, on entend entrer dans le café. Les joueurs se taisent.

C'est le maire avec une autre personne. Ils demandent deux verres de Fine et se mettent à parler des affaires du pays. Comme ils parlent à voix basse, Toine veut coller son oreille contre le mur pour entendre. Il oublie les œufs et il fait un brusque « va-t-au nord » qui le couche sur une omelette.

Il jure. La mère Toine arrive en courant. Elle comprend ce qui se passe et, hors d'elle, elle se met à lui taper sur le ventre.

Les trois amis de Toine éclatent de rire. Le gros homme essaie de se protéger des coups de sa femme mais, comme il a cinq autres œufs de l'autre côté, il n'ose pas trop bouger.

* * *

La vieille a gagné. Toine doit couver, renoncer aux parties de dominos, renoncer à tout mouvement, car sa femme refuse de lui donner à manger chaque fois qu'il casse un œuf.

Il reste couché sur le dos, immobile, les bras levés comme des ailes, chauffant contre lui les œufs blancs.

Maintenant, il parle toujours à voix basse et demande souvent à sa femme des nouvelles de la poule qui, comme lui, couve dans le poulailler.

– La jaune a mangé aujourd'hui ?

Et la vieille va de sa poule à son homme et de son homme à sa poule, obsédée, préoccupée par ces poussins qui vont bientôt arriver dans le lit et dans le nid.

Les gens du pays, qui savent l'histoire, curieux et sérieux, viennent prendre des nouvelles de Toine. Ils entrent sans faire de bruit comme on entre chez les malades et demandent avec intérêt :

– Alors, comment ça va ?

Toine répond :

– Ça va, mais j'ai des démangeaisons[33] partout.

Un matin, sa femme entre très émue et déclare :

– La jaune en a sept. Trois œufs étaient mauvais.

---

33. Démangeaison : picotement sur la peau qui donne envie de se gratter.

Toine sent battre son cœur. Il va en avoir combien, lui ? Il demande avec le ton d'une femme qui va devenir mère :
— C'est pour bientôt ?
La vieille répond d'un ton désagréable, car elle a peur que cela ne marche pas :
— J'imagine !
Ils attendent. On prévient les amis. Ils arrivent vite, inquiets eux aussi.

On parle de l'événement dans les maisons. On va s'informer chez les voisins.

Vers trois heures de l'après-midi, Toine s'endort. Il est soudain réveillé par des petites chatouilles[34] inhabituelles sous le bras droit. Il cherche avec sa main gauche et attrape une petite bête couverte de fines plumes jaunes, qui remue dans ses doigts.

Il est tout ému. Il se met à pousser des cris et il lâche le poussin qui court sur sa poitrine. Le café est plein de monde. Les buveurs se précipitent, envahissent la chambre. La mère Toine prend avec précaution le poussin qui s'est installé sous la barbe de son mari.

Personne ne parle. On entend juste, par la fenêtre ouverte, la poule jaune qui appelle ses petits.

Toine murmure alors :
— J'en ai un autre sous le bras gauche.
Sa femme met sa grande main maigre dans le lit et ramène un second poussin.

Tout le monde veut le voir. C'est tellement extraordinaire !

Pendant vingt minutes, il ne se passe rien. Puis quatre sortent en même temps de leurs coquilles.

---

34. Chatouilles (fam.) : action de chatouiller, c'est-à-dire de toucher la peau de quelqu'un de façon légère et répétée pour le faire rire.

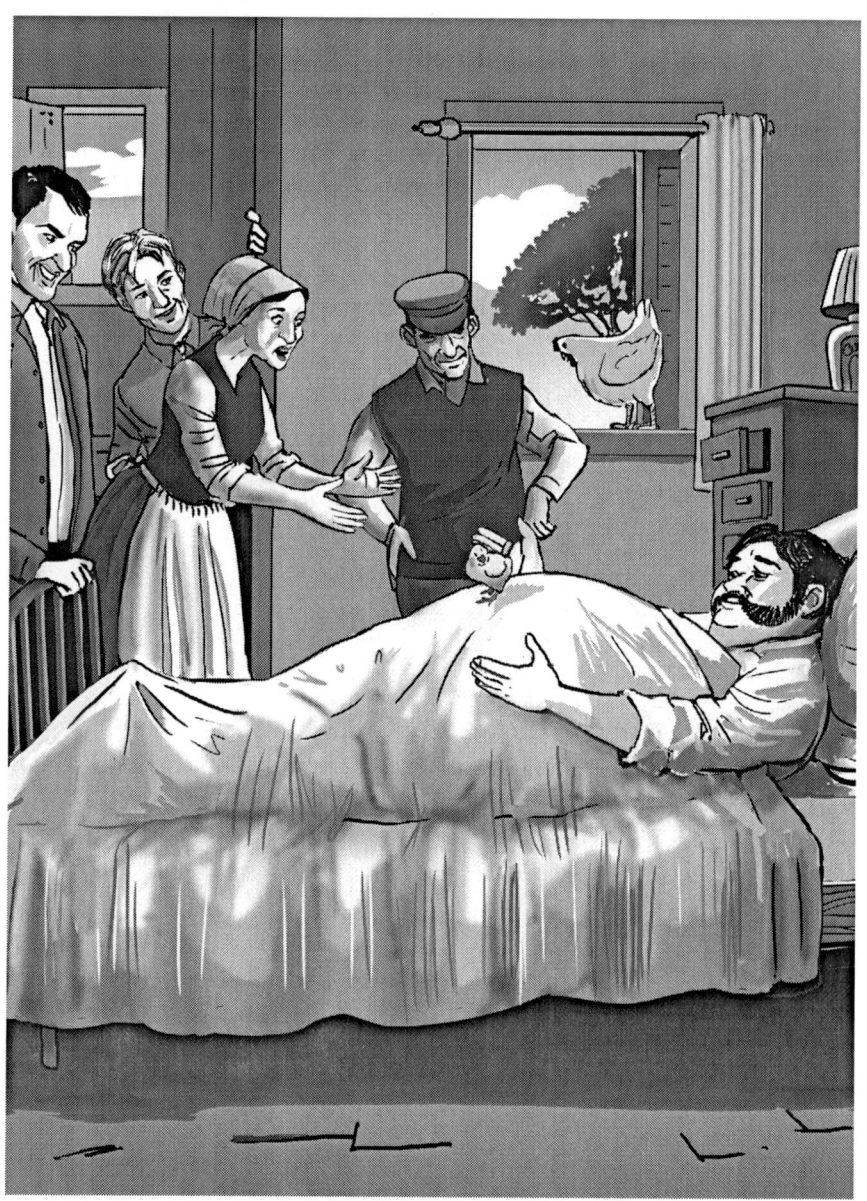

Les assistants sont admiratifs. Toine sourit, content de son succès. C'est vraiment un drôle d'homme !
Il déclare :
— Ça fait six. Six, vous entendez !
Et un grand rire s'élève dans le public. D'autres personnes entrent dans le café. D'autres attendent devant la porte. On se demande :
— Combien il y en a ?
— Six.
La mère Toine porte à la poule cette famille nouvelle, et la poule, contente, glousse[35] et ouvre grand ses ailes pour abriter toute la troupe de ses petits.
— Encore un ! crie Toine.
Il se trompe, il y en a trois ! C'est un triomphe. Le dernier naît à sept heures du soir. Aucun œuf n'est mauvais ! Et Toine, fou de joie, glorieux, embrasse le dos du petit animal et veut le garder dans son lit au moins une journée. Mais la vieille l'emporte comme les autres sans écouter les supplications de son homme.
Les assistants, contents, s'en vont en parlant de l'événement. Quand Horslaville se retouve seul avec son ami, il demande :
— Dis donc, père Toine, tu m'invites à manger le premier, n'est-ce pas ?
En entendant ce mot « manger », le visage de Toine s'illumine, et le gros homme répond :
— Naturellement que je t'invite, mon gendre.

---

35. Glousser : petits cris brefs poussés par la poule quand elle appelle ses petits.

NOUVELLE 4

Les bijoux

M. Lantin, dans une soirée chez son sous-chef de bureau, rencontre une charmante jeune fille et tombe aussitôt amoureux d'elle.

C'est la fille d'un percepteur* de province, mort depuis plusieurs années. Elle vit à Paris avec sa mère, qui fréquente quelques familles bourgeoises de son quartier dans l'espoir de marier sa fille.

Elles sont pauvres, tranquilles et douces. La jeune fille est le type absolu de l'honnête femme. Sa beauté modeste a beaucoup de charme et le léger sourire qui ne quitte pas ses lèvres semble un reflet de son cœur.

Tout le monde parle très bien d'elle ; tous ceux qui la connaissent ne cessent de répéter : « L'homme qui va l'épouser sera très heureux. On ne peut pas trouver mieux. »

M. Lantin, fonctionnaire* au ministère de l'Intérieur, aux revenus annuels[36] de trois mille cinq francs, finit par la demander en mariage et l'épouse.

Il est extrêmement heureux avec elle. Elle s'occupe très bien de la maison, sans faire d'excès, et le couple vit confortablement. La jeune femme est pleine d'attentions pour son mari et d'une grande gentillesse. M. Lantin est chaque jour plus amoureux d'elle.

Pour lui, sa femme est parfaite enfin presque car elle a deux passions qui lui semblent étranges : elle aime le théâtre et les bijoux – faux, naturellement.

---

36. Revenus annuels : argent qu'on gagne par an.

Ses amies (elle fréquente quelques femmes de modestes fonctionnaires) lui procurent souvent des loges[37] pour les pièces à la mode. Elle va donc au théâtre avec son mari qui n'apprécie pas du tout et qui ne cesse de dire que cela le fatigue après sa journée de travail.

Un jour, il lui dit qu'il ne veut plus aller au spectacle et lui suggère d'y aller avec une amie. Elle refuse pendant un certain temps. Finalement, elle accepte pour lui faire plaisir. Il la remercie chaleureusement.

Ce goût pour le théâtre fait naître en elle le besoin de bien s'habiller. Ses vêtements continuent à être simples et toujours de bon goût mais elle prend l'habitude de mettre des boucles d'oreille qui ressemblent à des diamants, des colliers en fausses pierres et des bracelets de pacotille[38].

Son mari, qui n'aime pas beaucoup ce genre de choses, répète souvent :

– Ma chère, quand on ne peut pas s'offrir de vrais bijoux, on se contente de sa beauté et de son charme qui sont les bijoux les plus rares.

Elle sourit alors doucement et dit :

– Tu le sais, j'aime ça. C'est mon vice. Je sais que tu as raison mais j'aime tant les bijoux.

Elle lui montre ses colliers, les fait briller et ajoute :

– Regarde comme c'est bien fait. Les pierres ont l'air vraies.

Il sourit et déclare :

– Tu as vraiment des goûts de bourgeoise.

Parfois, le soir, quand ils sont en tête à tête près de la cheminée, elle apporte le coffret où elle garde la « pacotille »,

---

37. Loge : compartiment qui contient plusieurs sièges dans une salle de spectacle.
38. De pacotille : sans valeur.

comme dit M. Lantin, et elle se met à examiner ces bijoux imités avec une attention passionnée ; elle insiste alors pour passer un collier au cou de son mari pour rire aussitôt de tout son cœur en s'écriant : « Comme tu es drôle ! ». Puis elle se jette dans ses bras et l'embrasse longuement.

Une nuit d'hiver, elle rentre de l'Opéra avec de la fièvre. Le jour suivant, elle tousse. Huit jours plus tard, elle meurt d'une pneumonie.

Lantin manque de mourir à son tour. Sa tristesse est si grande que ses cheveux deviennent blancs en un mois. Il pleure du matin au soir. Il est hanté[39] par le sourire, par la voix, par tout le charme de la morte.

Le temps ne calme pas sa douleur. Souvent, pendant les heures de bureau, quand des collègues viennent parler de choses et d'autres, on voit soudain ses yeux s'emplir d'eau ; il fait une horrible grimace et se met à pleurer.

Il a gardé intacte la chambre de sa femme et c'est là qu'il s'enferme tous les jours pour penser à elle ; il a tout gardé même ses vêtements et ses faux bijoux.

Mais la vie se fait dure pour lui. Il n'arrive pas à vivre avec ce qu'il gagne ; il se demande, tout étonné, comment sa femme a fait pour lui servir tous les jours des vins excellents et des mets[40] délicats qu'il ne peut plus se procurer maintenant.

Il a quelques dettes. Un matin, comme il n'a plus un sou[41] une semaine avant la fin du mois, il décide de vendre quelque chose et pense aussitôt à la « pacotille » de sa femme.

Il cherche dans son coffret et choisit un grand collier, très apprécié par sa femme. Il pense qu'il vaut six ou huit francs car c'est un beau travail pour un faux.

---

39. Hanté : obsédé.
40. Mets : aliment préparé pour un repas.
41. Ne pas avoir un sou : être sans argent.

Il le met dans sa poche et va vers le ministère par les boulevards. Il cherche une boutique de bijoutier* convenable.
Il en voit enfin une et entre, un peu honteux[42] de chercher à vendre une chose de si peu de valeur.
— Monsieur, dit-il au marchand*, à votre avis, combien peut valoir ce collier ?
L'homme prend l'objet, l'examine, le retourne, prend une loupe, appelle son commis, lui parle tout bas, repose le collier sur son comptoir[43] et le regarde de loin pour mieux juger de l'effet.
M. Lantin, gêné[44] par toutes ces cérémonies, ouvre la bouche pour déclarer : « Oh ! je sais bien que cela n'a aucune valeur » quand le bijoutier dit :
— Monsieur, cela vaut de douze à quinze mille francs ; mais je ne peux l'acheter que si vous me dites exactement d'où il vient.
Lantin ouvre des yeux énormes et reste bouche bée. Il finit par dire :
— Vous êtes sûr ?
L'autre, surpris, lui répond d'un ton sec :
— Vous pouvez aller voir ailleurs, on vous en donnera peut-être un peu plus. Pour moi, il vaut, au plus, quinze mille.
M. Lantin, stupéfait, reprend son collier et part. Il a besoin de se retrouver seul et de réfléchir.
Mais, une fois dans la rue, il se met à rire et il se dit : « Que je suis bête ! Heureusement, je ne l'ai pas cru ! Voilà un bijoutier qui ne sait pas distinguer le faux du vrai ! »
Et il entre chez un autre marchand de la rue de la Paix. Quand il voit le bijou, l'orfèvre* s'écrie :

---

42. Honteux : ici, embarrassé, un peu timide.
43. Comptoir : longue table où un marchand présente ses produits.
44. Gêné : mal à l'aise, affecté par la situation.

– Mon Dieu ! Je le connais bien, ce collier ; il vient de chez moi.

M. Lantin, très troublé, demande :
– Combien vaut-il ?
– Monsieur, je l'ai vendu vingt-cinq mille. Je suis prêt à le reprendre pour dix-huit mille, mais d'abord, vous devez me dire comment il est arrivé dans vos mains.

M. Lantin, stupéfait, s'asseoit puis dit :
– Mais..., mais, examinez-le bien attentivement, Monsieur, vous êtes sûr que ce n'est pas un faux.

Le joaillier* reprend :
– Voulez-vous me dire votre nom, Monsieur ?
– Naturellement. Je m'appelle Lantin, je suis employé au ministère de l'Intérieur, je vit 16, rue des Martyrs.

Le marchand ouvre ses registres[45], recherche, et dit :
– Ce collier a été envoyé en effet à l'adresse de Madame Lantin, 16, rue des Martyrs, le 20 juillet 1876.

Les deux hommes se regardent dans les yeux, Lantin abasourdi[46], l'orfèvre pensant qu'il est face à un voleur.
– Voulez-vous me laisser cet objet pendant vingt-quatre heures seulement, je vais vous donner un reçu[47] ?

M. Lantin balbutie :
– Mais oui, certainement.

Il prend le papier, le met dans sa poche et il sort.

Puis il traverse la rue, marche et s'aperçoit qu'il se trompe de chemin. Il redescend aux Tuileries, passe la Seine, reconnaît encore son erreur, revient aux Champs-Élysées : sa tête est vide. Il essaie de penser, de comprendre. Sa femme n'a pas pu acheter un objet d'une telle valeur.

---

45. Registre : cahier où on note des noms, des chiffres, etc.
46. Abasourdi : très étonné.
47. Reçu : écrit sur lequel on reconnaît avoir reçu un objet, de l'argent.

– Non, c'est évident. – Mais alors, c'était un cadeau ! Un cadeau ! Un cadeau de qui ? Pourquoi ?

Il s'arrête et il reste debout au milieu de l'avenue. Il a un horrible doute. – Elle ? – Mais alors tous les autres bijoux sont aussi des cadeaux ! Il lui semble que la terre bouge ; qu'un arbre, devant lui, tombe ; il tend les bras et s'évanouit.

Il reprend connaissance chez un pharmacien* où des passants l'ont amené. Il se sent mieux et décide de rentrer s'enfermer chez lui.

Jusqu'à la nuit, il pleure toutes les larmes de son corps. Puis il se couche, mort de fatigue et envahi d'une très grande tristesse. Il dort d'un sommeil agité.

Un rayon de soleil le réveille. Il se lève lentement pour aller au ministère. C'est dur d'aller travailler après de tels événements. Il décide de s'excuser auprès de son chef et lui écrit. Puis il pense qu'il doit retourner chez le bijoutier et devient rouge de honte. Il réfléchit pendant un bon moment. Non, il ne peut pas laisser le collier chez cet homme ; il s'habille et sort.

Il fait beau, le ciel bleu s'étend sur la ville qui semble sourire. Des gens marchent dans la rue, les mains dans leurs poches.

Lantin se dit, en les regardant passer : « Comme on est heureux quand on est riche ! Avec de l'argent, on oublie ses peines, on va où on veut, on voyage, on se distrait ! Oh ! Je veux être riche ! »

Il s'aperçoit qu'il a faim, car il n'a rien mangé depuis presque deux jours. Mais il n'a pas un sou. Il pense alors au collier. Dix-huit mille francs ! Dix-huit mille francs ! c'est de l'argent, ça !

Il va rue de la Paix et commence à se promener de long en large sur le trottoir, en face de la boutique.

Dix-huit mille francs ! Il veut entrer ; mais la honte l'arrête. Il a faim, très faim. Alors il se décide brusquement, traverse rapidement la rue et il se précipite chez l'orfèvre.

Le marchand le reçoit avec amabilité, lui propose de s'asseoir et lui dit avec un sourire :

– Je me suis renseigné, Monsieur, et si vous êtes d'accord, je suis prêt à vous payer la somme que je vous ai proposée.

M. Lantin répond d'une petite voix :

– Oui, bien sûr.

L'orfèvre sort d'un tiroir dix-huit grands billets, les compte et les donne à Lantin ; ce dernier signe un reçu et met, d'une main qui tremble un peu, l'argent dans sa poche.

Puis, au moment de sortir, il se tourne vers le marchand qui sourit toujours et, sans le regarder, il dit :

– J'ai... j'ai d'autres bijoux... qui me viennent... du même héritage. Cela peut peut-être vous intéresser

Le marchand s'incline :

– Mais naturellement, Monsieur.

Deux commis qui sont dans la boutique sourient d'un air ironique.

Lantin impassible, rouge et grave, annonce :

– Je vais vous les apporter.

Et il prend une voiture pour aller chercher les bijoux.

Quand il revient chez le marchand, une heure plus tard, il n'a toujours pas déjeuné. Ils se mettent à examiner les objets pièce par pièce et les évaluent. Ils viennent presque tous de cette boutique.

Lantin, maintenant, discute les estimations, se fâche, exige de voir les livres de vente et parle de plus en plus fort quand la somme s'élève.

Les boucles d'oreille valent vingt mille francs, les bracelets trente-cinq mille, les broches, bagues et médaillons seize mille, un collier quatorze mille ; un autre, de pierres précieuses, quarante mille ; une belle chaîne huit mille le tout vaut cent quatre-vingt-seize mille francs.

Le marchand déclare avec un petit ton moqueur :

– Apparemment, la propriétaire de ces objets avait une grande passion pour les bijoux.

Lantin préfère ne pas répondre.

Le marchand lui dit alors de revenir le jour suivant car il doit faire une expertise. Lantin accepte sans problème et part.

Quand il se trouve dans la rue, il regarde la colonne Vendôme[48]. Il est fou de joie et a envie de monter sur la statue de l'Empereur.

Il va déjeuner dans un bon restaurant et boit du vin à vingt francs.

Ensuite, il va faire une promenade au bois de Boulogne. Il regarde les voitures des gens aisés et a envie de crier aux passants : « Moi aussi, je suis riche ! ».

Il pense alors au ministère et décide d'y aller. Il entre directement chez son chef et lui annonce :

– Je viens, monsieur, vous donner ma démission. J'ai fait un gros héritage.

Il va serrer la main de ses anciens collègues et leur parle de ses projets d'avenir.

Il va ensuite dîner dans un endroit célèbre puis décide d'aller au théâtre. Pour la première fois, il ne s'y ennuie pas.

Six mois plus tard, il se remarie. Sa seconde femme est vraiment très honnête mais a mauvais caractère sa vie ne va pas être facile ni gaie

---

48. Colonne Vendôme : monument, situé au centre de la place Vendôme, à Paris, où il y a une statue de Napoléon Ier.

VOCABULAIRE

Noms de métiers

Bijoutier : personne qui fabrique ou vend des bijoux.
Cabaretier : mot ancien pour parler d'une personne qui a un bar, un café.
Chef : personne qui commande, dirige d'autres personnes.
Commis : employé de magasin ou de bureau.
Employé : salarié qui fait un travail non manuel et n'a personne sous ses ordres ni de responsabilité importante.
Fermier : personne qui exploite un domaine agricole : agriculteur, cultivateur, paysan.
Fonctionnaire : personne employée par l'État, qui travaille dans l'administration publique.
Gratte-papier : (fam.) employé modeste chargé de faire des travaux d'écriture, des copies.
Homme de loi : les avocats, les juges et les notaires sont des hommes de loi.
Joailler : personne qui fabrique ou vend des bijoux (synonyme de bijoutier).
Marchand : personne dont le métier est de vendre des marchandises : commerçant, vendeur.
Médecin : personne qui a un diplôme de docteur en médecine et qui peut donc soigner les malades.
Notaire : personne dont le métier est de garantir devant la loi une vente, un accord entre des personnes.
Orfèvre : personne qui fabrique ou vend des objets en métal précieux.
Paysan : personne qui vit à la campagne et cultive la terre.
Percepteur : personne dont le métier est de recueillir l'argent des impôts et des amendes.
Pharmacien : personne qui a un diplôme qui lui permet de travailler dans une pharmacie et qui peut donc donner des médicaments.

ACTIVITÉS

Nouvelle 1 - Le vieux

1) Cherchez l'intrus dans les séries suivantes.
mourir – enterrer – naître – agoniser – s'éteindre
cidre – fromage – eau – limonade – vin
chemisier – sabot – botte – basket – mocassin
poirier – cerisier – oranger – pommier – fermier

2) Reliez l'animal à son cri.

a) le chien   1. chanter

b) la vache   2. caqueter

c) la poule   3. japper

d) le chat   4. meugler

e) le coq   5. miauler

3) Cochez la bonne réponse.

a) L'histoire se passe…
1. dans une ville.   ❏
2. à la campagne.   ❏

b) Les Chicot sont…
1. des ouvriers.   ❏
2. des paysans.   ❏

c) Le père de Phémie…
1. a une grippe.   ❏
2. est mourant.   ❏

d) Le gendre est contrarié par la situation car il veut planter…
1. du colza.   ❏
2. du blé.   ❏

e) L'enterrement a lieu...
1. le vendredi. ❐
2. le samedi. ❐

f) Le jour de l'enterrement, le vieux...
1. est mort. ❐
2. est encore vivant. ❐

4) Complétez la recette des douillons avec les mots suivants.
sucre – œuf – pommes – feu – pâte – citron

Éplucher les ....
Enlever le cœur.
Préparer un sirop avec un peu d'eau, 150 g de ....
et un jus de .... Quand le sirop bout, mettre les pommes. Laisser cuire à .... doux. Arrêter la cuisson quand les fruits sont tendres et laisser refroidir. Découper des carrés de .... pour envelopper les pommes. Rassembler les 4 pointes vers le haut et coller avec de l'eau.
Badigeonner avec de l'..................... battu et mettre au four. Les douillons doivent être bien dorés.

5) Charade.
Mon premier est le contraire du mot « vie ».
Mon deuxième est la troisième voyelle de l'alphabet français.
Mon troisième est synonyme du mot « saut » : b – – –
Mon tout est une personne en train de mourir.

Nouvelle 2 - Un million

1) Répondez par vrai ou faux.
a) Monsieur Bonnin est sous-chef au ministère.
b) Il a une tante très riche.
c) Les Bonnin vont hériter d'un million seulement s'ils ont un enfant.
d) Les époux ont des difficultés à avoir un enfant.
e) Malgré les difficultés, le mari et la femme s'entendent très bien.
f) Finalement, l'argent est donné aux pauvres.
g) Bonnin n'est pas le père de l'enfant.

2) Cherchez l'intrus dans les séries suivantes.
neveu – tante – père – ami – sœur
jour – problème – mois – siècle – semaine
argent – monnaie – minute – billet – fortune

3) Trouvez, dans la grille, le contraire des adjectifs suivants.
riche – compliqué – sale – malheureux – clair

A	P	R	O	P	R	E	B	W
Z	A	V	B	O	C	R	M	I
R	U	K	S	I	M	P	L	E
U	V	D	C	F	H	Y	N	O
P	R	Z	U	D	C	A	V	R
H	E	U	R	E	U	X	I	U

4) Formez cinq couples avec les mots suivants.
employé – mère – ministère – testament – ami
calendrier – adversaire – notaire – fils – jour

5) Charade.
Mon premier est un mot court qui sert à appeler quelqu'un.
Mon deuxième est le verbe *rire* au présent, à la troisième personne du singulier.
Mon troisième est le nombre d'années qu'une personne a.
Mon tout est un bien transmis par une personne qui vient de mourir.

Nouvelle 3 - Toine

1) Cochez la bonne réponse.

a) On appelle aussi Antoine Mâcheblé...
1. Toine-ma-Fine. ❏
2. Toine-mon-vin. ❏

b) Toine a...
1. une épicerie. ❏
2. un bar. ❏

c) La femme de Toine est...
1. gaie. ❏
2. désagréable. ❏

d) Elle élève...
1. des poules. ❏
2. des vaches. ❏

e) Toine et sa femme...
1. s'entendent bien. ❏
2. se disputent tout le temps. ❏

f) Un jour, Toine...
1. quitte sa femme. ❏
2. tombe paralysé. ❏

g) La mère Toine oblige son mari à...
1. éplucher des légumes. ❏
2. couver des œufs. ❏

h) À la fin de la nouvelle...
1. des poussins naissent. ❏
2. il n'y a pas un seul poussin. ❏

2) Trouvez, dans la grille, 6 mots du corps qui apparaissent dans le texte.

J	A	M	B	E	Y
R	B	P	R	Q	U
V	I	S	A	G	E
E	X	C	S	V	P
N	G	H	F	R	A
T	E	T	E	V	U
R	Z	M	S	A	L
E	D	F	I	J	E

3) Prosper Horslaville est « rusé comme un renard ». Complétez les expressions avec le nom des animaux suivants.

  âne – agneau – éléphant – chien – poisson – chat

a) Heureux comme un ... dans l'eau.

b) Avoir un ... dans la gorge.

c) Être doux comme un ... .

d) Être têtu comme un ... .

e) Être fidèle comme un ... .

f) Avoir une mémoire d'... .

4) Charade.
Mon premier se prononce comme « an ».
Mon deuxième est le contraire de *mauvais*.
Mon troisième est un signe de ponctuation.
Mon tout est l'état d'un corps gros et gras.

Nouvelle 4 - Les bijoux

1) Répondez par vrai ou faux.
a) Monsieur Lantin est fonctionnaire.
b) Il se marie avec une femme très riche.
c) Sa femme aime le théâtre et les bijoux.
d) Monsieur Lantin n'aime pas aller au spectacle.
e) Il aime beaucoup voir sa femme avec de beaux bijoux.
f) Il est très affectée par sa mort.
g) Après le décès de son épouse, il continue à vivre confortablement.
h) Il décide de vendre les bijoux de sa femme.
i) En fait, tous les bijoux sont authentiques.
j) Lantin comprend que sa femme le trompait.

2) Formez, avec ces syllabes, quatre mots du vocabulaire du spectacle.
LO – RA – O – THÉ – PIÈ
CE – TRE – PÉ – GE – Â

3) Trouvez, dans la grille, six noms de bijoux.

R	Y	V	O	F	W	B	H	L	U
K	A	M	Q	C	H	A	I	N	E
G	E	E	I	Z	D	G	O	V	F
R	P	D	Y	T	M	U	D	Y	A
B	R	A	C	E	L	E	T	O	Q
W	F	I	K	H	G	P	F	S	U
C	O	L	L	I	E	R	L	Y	B
O	G	L	T	Z	Q	X	M	C	S
B	R	O	C	H	E	B	Q	R	M
L	J	N	B	D	P	A	K	C	H

4) Dans la nouvelle, on parle de plusieurs endroits connus de Paris. Regardez le plan et trouver le monument qui se trouve :

a) avenue des Champs-Élysées.
c) au Champs de Mars.
b) à côté du jardin des Tuileries.
d) sur l'île Saint-Louis.

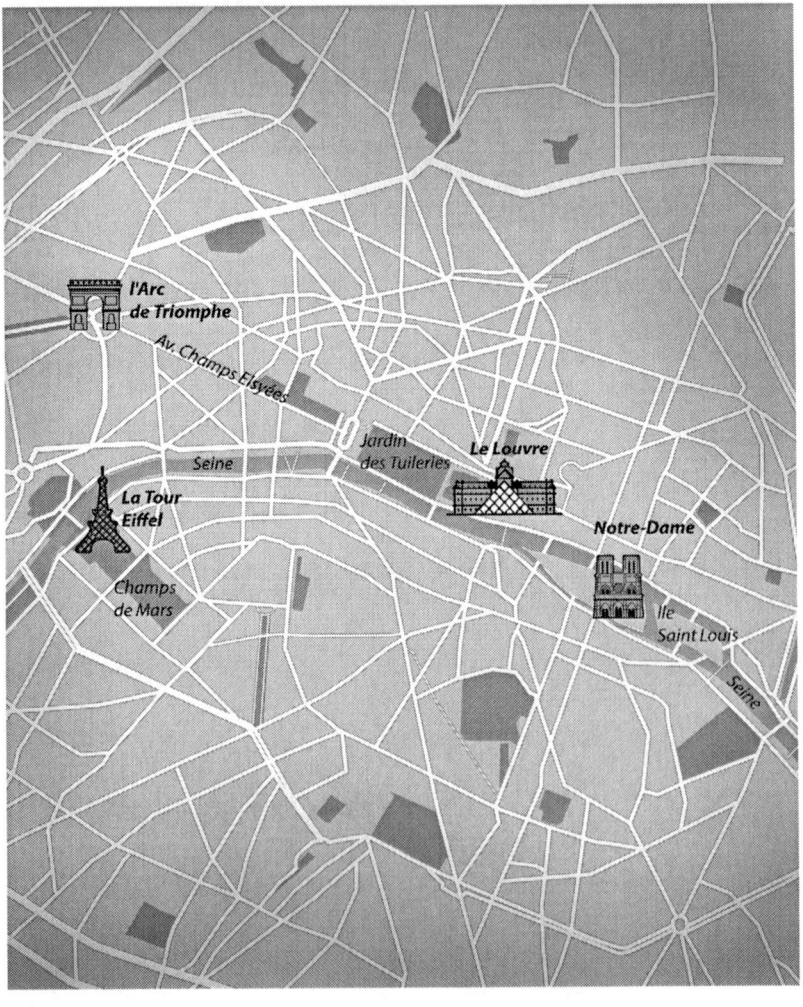

Solutions

NOUVELLE 1 – LE VIEUX

1) naître – fromage – chemisier – fermier

2) a) 3 ; b) 4 ; c) 2 ; d) 5 ; e) 1

3) a) 2 ; b) 2 ; c) 2 ; d) 1 ; e) 2 ; f) 2

4) pommes – sucre – citron – feu – pâte – œuf

5) mort – i – bond = moribond

NOUVELLE 2 – UN MILLION

1) a) faux ; b) faux ; c) vrai ; d) vrai ; e) faux ; f) faux ; g) vrai

2) ami – problème – minute

3)

A	P	R	O	P	R	E	B	W
Z	A	V	B	O	C	R	M	I
R	U	K	S	I	M	P	L	E
U	V	D	C	F	H	Y	N	O
P	R	Z	U	D	C	A	V	R
H	E	U	R	E	U	X	I	U

4) employé – ministère ; mère – fils ; testament – notaire ; ami – adversaire ; calendrier – jour

5) hé – rit – âge = héritage

NOUVELLE 3 – TOINE

1) a) 1 ; b) 2 ; c) 2 ; d) 1 ; e) 2 ; f) 2 ; g) 2 ; h) 1

2)

J	A	M	B	E	Y
R	B	P	R	Q	U
V	I	S	A	G	E
E	X	C	S	V	P
N	G	H	F	R	A
T	E	T	E	V	U
R	Z	M	S	A	L
E	D	F	I	J	E

3) a) poisson ; b) chat ; c) agneau ; d) âne ; e) chien ; f) éléphant

4) em – bon – point = embonpoint

NOUVELLE 4 – LES BIJOUX

1) a) vrai ; b) faux ; c) vrai ; d) vrai ; e) faux ; f) vrai ; g) faux ; h) vrai ; i) vrai ; j) vrai

2) LO – GE = LOGE ; O – PÉ – RA = OPÉRA ; THÉ – Â – TRE = THÉÂTRE ; PIÈ – CE = PIÈCE

3)

R	Y	V	O	F	W	B	H	L	U
K	A	M	Q	C	H	A	I	N	E
G	E	E	I	Z	D	G	O	V	F
R	P	D	Y	T	M	U	D	Y	A
B	R	A	C	E	L	E	T	O	Q
W	F	I	K	H	G	P	F	S	U
C	O	L	L	I	E	R	L	Y	B
O	G	L	T	Z	Q	X	M	C	S
B	R	O	C	H	E	B	Q	R	M
L	J	N	B	D	P	A	K	C	H

4) a) l'Arc de Triomphe ; b) Le Louvre ; c) la tour Eiffel ; d) Notre-Dame

POUR EN SAVOIR PLUS

1) Lire le texte et répondre aux questions.
Les deux nouvelles *Le vieux* et *Toine* se déroulent en Normandie, terre natale de Maupassant.
En faisant des recherches sur Internet, nous allons découvrir cette région de France.
a) Cherchez la Normandie sur une carte de France et dire où elle se trouve.
b) Observez la carte suivante et répondre aux questions.

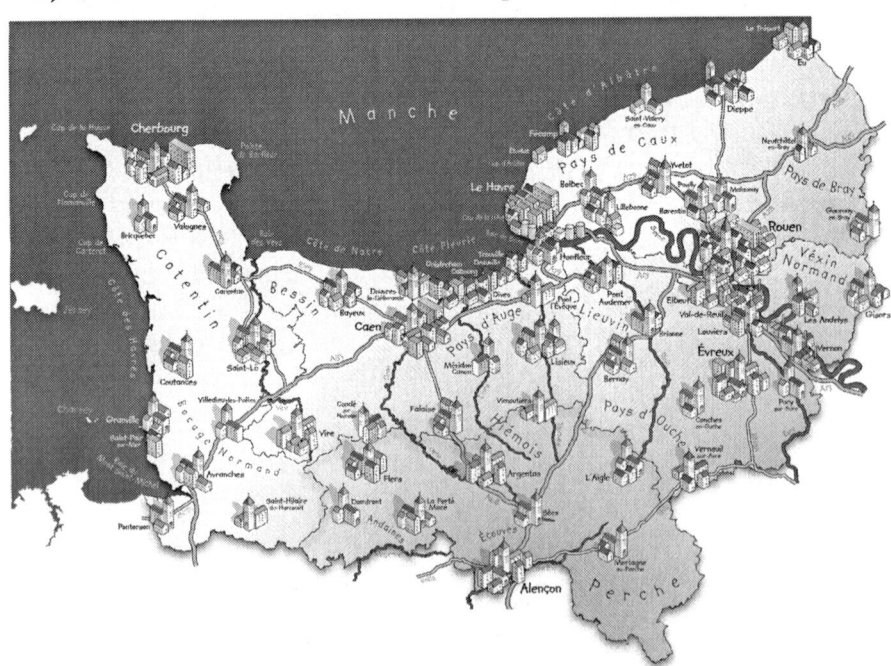

1. Dans la nouvelle *Toine*, Maupassant dit : « Il a rendu célèbre le hameau perdu dans la petite vallée qui descend vers la mer ». Quel est le nom de cette mer ?
2. Quelle est la capitale de la Normandie ? Un monument domine la ville. Quel est son nom ?

3. Le Mont-Saint-Michel est une commune française située dans le département de la Manche, en Normandie. Quel monument célèbre s'élève à cet endroit ?

c) Dans la nouvelle *Le vieux*, pour l'enterrement du pauvre homme, les enfants invitent les gens à une collation. Quelle boisson typique de Normandie offrent-ils ? À base de quoi est-elle faite ?

d) Toujours dans la nouvelle *Le vieux*, le gendre tartine son pain de quel aliment typique de Normandie ?

e) Trouver le nom d'un fromage normand célèbre dans le monde entier.

f) L'agriculture normande, qui occupe 70 % du territoire régional, tire 60 % de sa richesse de son lait, de ses céréales et de ses bovins. Trouver deux céréales cultivées en Normandie.

g) Le peintre impressionniste, Claude Monet, né à Paris, aimait beaucoup la Normandie. Il a peint de nombreuses toiles sur cette région. Il a même loué une maison là-bas. Elle est devenue la maison de la fondation Monet. Regarder la photo et dire où elle se trouve ?

2) Lire le texte et répondre aux questions.

Les deux nouvelles *Un million* et *Les bijoux* se déroulent à Paris et mettent en scène des petits employés de ministère. *Les bijoux* parle aussi de l'importance du théâtre dans de la vie parisienne du XIXe siècle. À cette époque, le théâtre est en effet un grand divertissement pour toutes les couches sociales.

En faisant des recherches sur Internet, nous allons découvrir quelques éléments importants du monde du théâtre au XIXe.

a) Lequel de ses deux écrivains est un auteur de théâtre du XIXe siècle ?
1. Racine. ❐
2. Edmond Rostand. ❐

Donner le nom d'une pièce célèbre écrite par ces deux écrivains.

b) Laquelle de ses deux pièces de théâtre date du XIXe siècle ?
1. *Lorenzaccio.* ❐
2. *L'école des femmes.* ❐

Donner le nom de l'auteur de ces pièces de théâtre.

c) Laquelle de ces deux actrices était célèbre au XIXe siècle ?

1. Sarah Bernhart. ❐

2. Madeleine Béjart. ❐

d) Faire une courte biographie de Racine ou d'Edmond Rostand.

Solutions

1) a) Au Nord-Ouest de la France. ; b) 1. La Manche. – 2. Rouen. – La cathédrale Notre-Dame – Une abbaye. ; c) Du cidre / Il est fait avec des pommes. ; d) De beurre. ; e) Le camembert. ; f) Le blé et l'orge. ; g) À Giverny.

2) a) 2/ Racine : *Phèdre*. – Edmond Rostand : *Cyrano de Bergerac* ; b) 1/ *Lorenzaccio* : Alfred de Musset – *L'école des femmes* : Molière. ; c) 1

N° de projet : 10281512
Imprimé en France en janvier 2022
par la Société TIRAGE - 91941 COURTABŒUF